"책 속에 숨은 나를 찾아 보세요!"

우리 식탁 위의 지구

달콤짭짤
바삭촉촉

Original title: Smakologia
Text and illustrations: Ola Woldańska-Płocińska
Redaction and correction: Eleonora Mierzyńska-Iwanowska, Anna Belter
Graphic design of the interior, cover and composition: Ola Woldańska-Płocińska
© Publicat S. A.
Korean Translation © 2022 Woorischool Publishing Co., Ltd.
All rights reserved.
The Korean language edition is published by arrangement with PUBLICAT S. A.,
Poznań through MOMO Agency, Seoul.

이 책의 한국어판 저작권은 모모 에이전시를 통해 PUBLICAT S.A. 사와 독점 계약한 (주)우리학교에 있습니다.
저작권법에 의해 한국 내에서 보호를 받는 저작물이므로 무단전재와 무단복제를 금합니다.

우리 식탁 위의 지구
달콤짭짤 바삭촉촉

올라 볼다인스카-프워친스카 글·그림
정회성 옮김

우리학교

글·그림 올라 볼다인스카-프워친스카

폴란드 포즈난에서 그림을 그리면서 북 디자인을 하고 있어요. 지금까지 10권 이상의 책을 냈고 2009년에는 폴란드도서출판협회(PTWK)가 주는 '가장 아름다운 책'이란 상을 받기도 했어요. 평소 동물에 관심이 많아요. 채식주의자고, 음식과 아기 돼지를 그리는 것을 굉장히 좋아한답니다. 쓰고 그린 책으로 『동물도 행복할 권리가 있을까?』 『여기는 쓰레기별, 긴급 구조 바람!』 등이 있습니다.

옮김 정회성

도쿄대학교 대학원에서 비교 문학을 공부하고 인하대학교 영어 영문학과 초빙 교수로 재직하며 문학 전문 번역가로 활동하고 있어요. 『피그맨』으로 2012년 IBBY(국제아동청소년도서협의회) 어너리스트(Honor List) 번역 부문에서 상을 받았어요. 옮긴 책으로 『레몬첼로 도서관 탈출 게임』 『첫사랑의 이름』 『줄무늬 파자마를 입은 소년』 『1984』 『월든』 등이 있고, 쓴 책으로는 『책 읽어 주는 로봇』 『작은 영웅 이크발 마시』 등이 있습니다.

우리학교 어린이 교양

달콤짭짤 바삭촉촉 우리 식탁 위의 지구

초판 1쇄 펴낸날 2022년 8월 3일
초판 2쇄 펴낸날 2023년 5월 4일

글·그림 올라 볼다인스카-프워친스카 | **옮김** 정회성 | **펴낸이** 홍지연

편집 홍소연 고영완 이태화 전희선 조어진 서경민 | **디자인** 권수아 박태연 박해연
마케팅 강점원 최은 신종연 김신애 | **경영지원** 정상희 곽해림

펴낸곳 (주)우리학교 | **출판등록** 제313-2009-26호(2009년 1월 5일)
주소 04029 서울시 마포구 동교로12안길 8 | **전화** 02-6012-6094 | **팩스** 02-6012-6092
홈페이지 www.woorischool.co.kr | **이메일** woorischool@naver.com

ISBN 979-11-6755-065-1 73570

• 책값은 뒤표지에 적혀 있습니다.
• 잘못된 책은 구입한 곳에서 바꾸어 드립니다.

만든 사람들
편집 전희선 | **표지 디자인** 전나리 | **본문 디자인** 박해연 | **캘리그래피** 김나연

차례

6 • 이 세상에 만약 음식이 없다면?
8 • 구석기에는 뭘 먹었을까요?
10 • 밭을 갈고 가축을 키우면서 생긴 변화
12 • 약이 되는 음식
14 • 먹고, 마시고, 또 먹고!
16 • 손가락이 포크가 되기까지
18 • 달걀 없는 달걀 디저트
20 • 먹으면 큰일 나는 음식
22 • 향기로운 보석 향신료
24 • 빵이 없으면 케이크를 먹으라고?!
26 • 정제 식품 바로 알기
28 • 집에서 비둘기 사냥하기
30 • 건강하지 않은 음식
32 • 자연이 좋아하는 유기 농업
34 • 5대 영양소 파헤치기
36 • 올바른 음식과 착한 소비
38 • 배고픈 사람들
40 • 쓰레기로 버려지는 음식
42 • 대단한 슈퍼 푸드

함께 먹는 즐거움 • 44
바쁘니까 패스트푸드? • 46
울퉁불퉁 사랑스러운 당근 • 48
우리 동네 제철 음식 로컬 푸드 • 50
꼼꼼히 따지고 먹는 습관 • 52
나물일까요, 약초일까요? • 54
잡식 동물의 대명사 인간 • 56
맛있지만 해로운 단맛 • 58
달콤한 유혹 • 60
숲을 파괴하는 팜유 • 62
신이 마신 음료 코코아 • 64
딸기 요구르트의 비밀 • 66
하루에 사과 한 알 • 68
콩에서 나오는 우유가 두유? • 70
완벽한 영양 식품 두부 • 72
착한 세균 덩어리 요구르트 • 74
유산균이 그득한 절임 식품 • 76
보글보글 거품 아쿠아파바 • 78
건강한 식사를 위한 규칙 5 • 80

세상에 만약

우리는 음식 없이 살 수 없어요. 숨을 쉬지 못하거나 잠을 자지 못하거나 오줌과 똥을 누지 못해도 살 수 없지요. 음식도 그래요. 음식을 먹지 않고 살 수 없답니다. 방귀를 뀌지 못해도 살 수 없어요.

음식은 자동차의 연료와 같아요. 자동차는 연료가 없으면 움직이지 못해요. 연료가 있어도 나쁜 연료를 쓰면 먼 거리를 안정적으로 달릴 수 없어요. 음식도 마찬가지예요. **영양분을 따져 우리 몸에 좋은 음식을 먹어야 건강하게 오래 살 수 있어요.** (자세한 내용을 알려면 34쪽을 보세요.)

음식이 없다면?

그래서 어떤 음식을 먹을지 선택하는 일은 아주 중요해요. 우리는 계절에 따라, 무엇이 건강에 좋은지를 생각해서 여러 가지 음식을 먹어요.

우리가 먹는 음식 중에는 공장에서 만든 가공식품이 많아요. 안타깝게도 무엇을 가지고 어떻게 만든 음식인지 잘 모르고 먹게 되지요.

코치닐, 벤조산 나트륨, 팜유, 자일리톨, 아쿠아파바 같은 음식 재료 이름을 들어 본 적 있나요? 어딘지 좀 낯설다고요? 음식과 상관없지 않으냐고요? 하지만 이런 재료는 우리가 매일 먹는 음식에 들어 있답니다.

이 책은 여러분이 건강에 좋은 음식을 먹게 해 줄 거예요. 어째서 음식에 관심을 가져야 하는지, 가공식품이 왜 건강에 좋지 않은지 자세히 알려 줄 거예요. 책을 읽기 전에 맛있고 건강한 간식을 준비하세요. 배고플 때 음식이 나오는 책을 읽다 보면 짜증이 날 수 있으니까요.

구석기에는 뭘 먹었을까요?

인류가 맨 처음 지구상에 나타난 시기는 대략 400만 년 전이에요. 구석기 시대는 약 70만 년 전부터 1만 년 전으로 보는데, 인간의 생활이 문자로 기록되지 않아 잘 알 수 없는 시기예요.

구석기 시대 사람들은 열매나 채소, 고기 중 어느 것을 더 많이 먹었을까요? 과학자마다 의견이 다르지만 **당시 사람들이 규칙적인 식사를 하지 않았다**는 사실에는 동의했어요. 더 정확히 알기 위해 전 세계에 퍼져 있는 구석기 시대 유적에서 유골을 찾아내 조사했어요. 과학자들은 특히 유골의 치아 사이에 낀 음식 찌꺼기를 분석해 인류의 조상이 무엇을 먹고 살았는지 알아냈지요.

구석기 시대 사람들은 열매, 버섯, 풀뿌리 같은 식물과, 짐승을 잡아서 고기를 먹었어요. 당시에는 막대기, 돌, 동물의 뼈 같은 단순한 도구를 썼기 때문에 날쌘 짐승을 사냥하는 게 쉽지는 않았지요.

인류의 조상은 곤충을 잡아먹기도 하고 동물이 먹다 남긴 열매와 고기를 먹기도 했어요. 오늘날 우리는 거들떠보지도 않는 것이지만, 우리 조상들에게는 아주 귀한 음식이었답니다.

밭을 갈고 가축을

하루 종일 아무것도 먹지 않는다고 상상해 보세요. 배고파서 계속 꼬르륵 소리가 날 거예요. 온종일 음식만 생각하느라 공부나 일에 집중이 안 되고 제대로 할 수도 없지요. 인류의 조상도 이런 문제를 느끼고 규칙적으로 음식을 먹어야 한다고 깨달았어요.

키우면서 생긴 변화

지금부터 1만 년 전 인류는 채소, 곡식 같은 농작물과 소, 돼지, 닭 같은 가축을 기르는 법을 알아냈어요. 그래서 규칙적인 식사를 할 수 있게 되었지요. 가뭄이 들거나 전염병이 돌아 동식물이 죽으면 굶주렸지만 가까운 곳에서 농작물과 가축을 기르면서 먹거리를 구하기 점점 쉬워졌어요. 그때부터 먹거리를 구하러 여기저기 헤매거나 먼 거리를 다닐 필요가 없어졌지요. 집 주위에 곡식의 씨앗을 뿌리고 채소를 심으면 그만이었어요. 그리고 농작물이 잘 자라도록 돌보았지요.

사람들은 맨 먼저 밀, 보리, 귀리, 기장, 나중에는 호밀도 재배했어요.

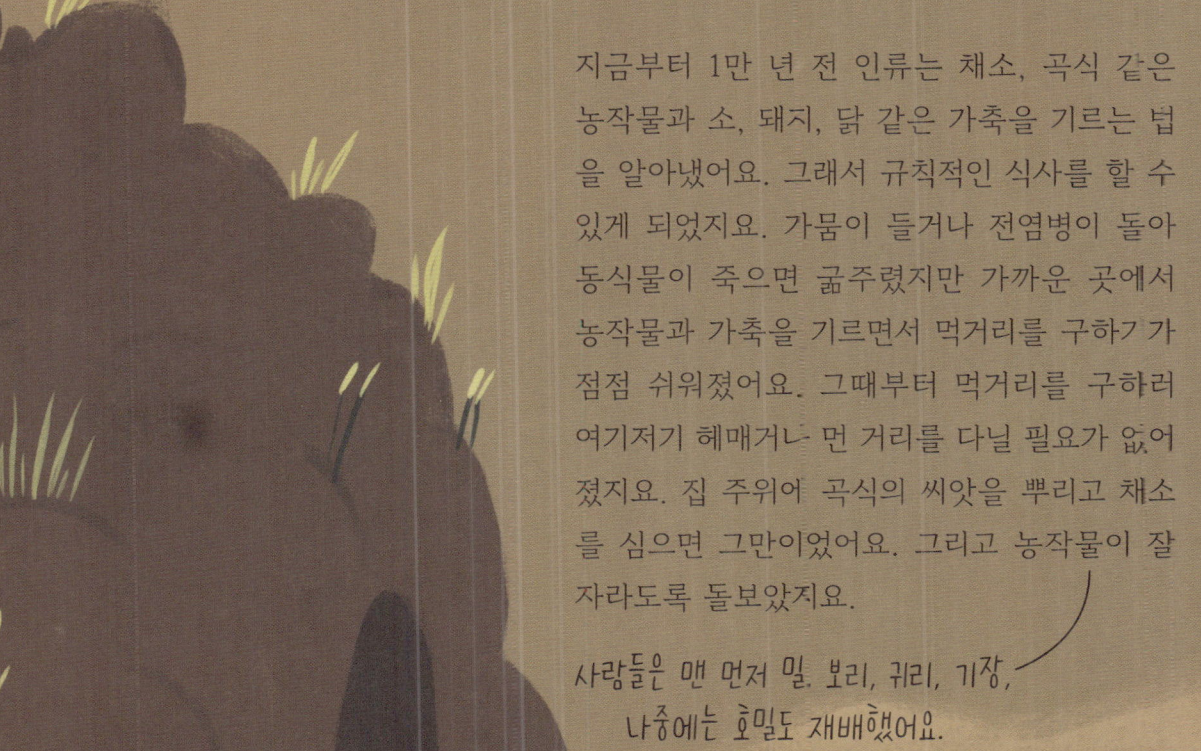

곡식과 채소를 점점 더 많이 거두면서 고기 못지않게 자주 먹게 되었지요.

여러 가지 채소와 곡물을 먹게 되면서 사람의 소화 기관에도 변화가 생겼어요.

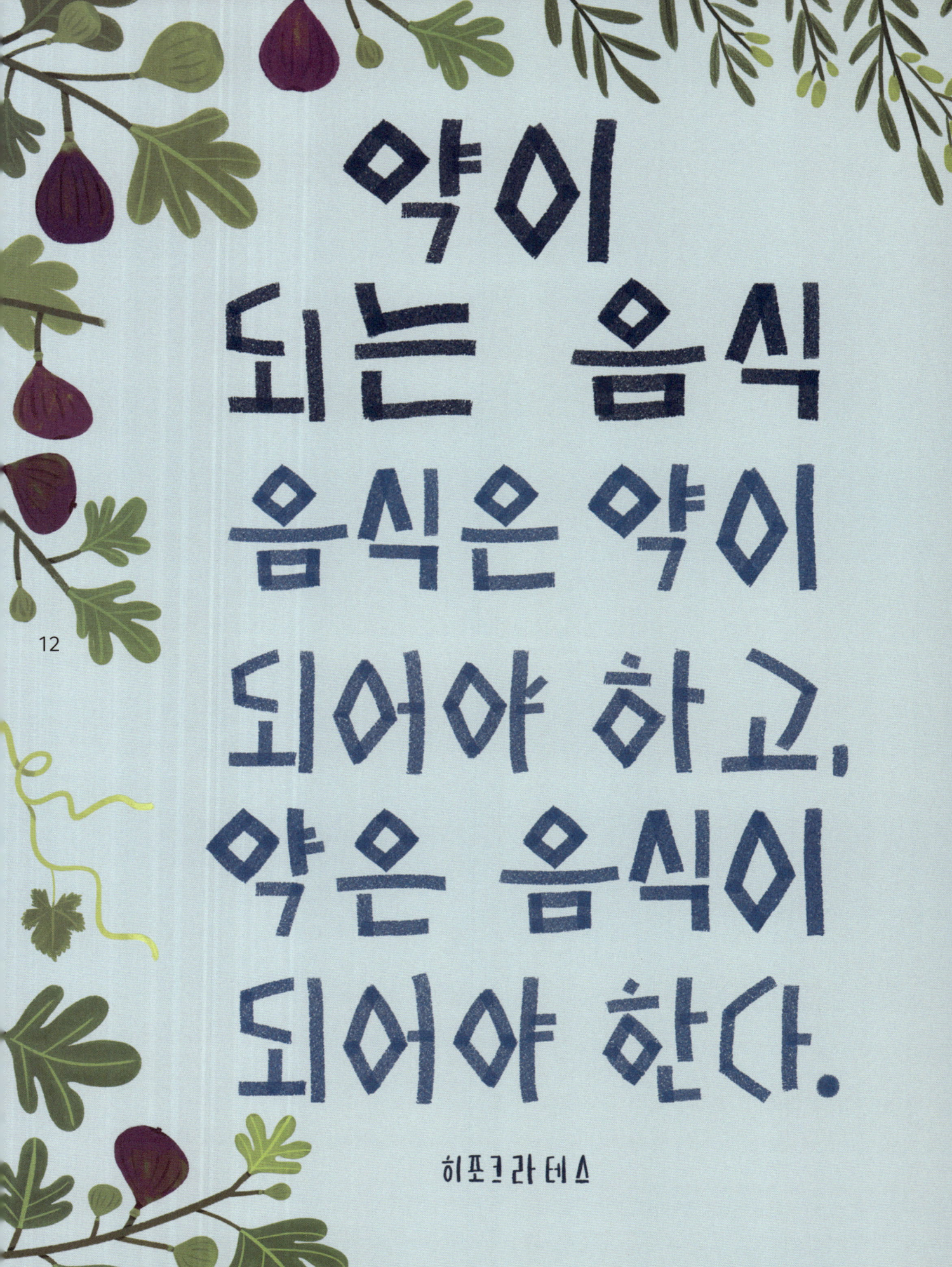

그리스의 의학자 히포크라테스(기원전 460년~기원전 377년)는 **음식이 건강에 큰 영향을 미친다**고 말했어요. 그는 세상을 떠났지만 그의 말은 지금까지도 전해 내려와요. 한편, 요즘에는 이렇게 생각하는 사람도 있을 거예요.

"지금은 세상이 너무 많이 바뀌었어. 히포크라테스의 말을 그대로 받아들일 수는 없어."

이 책을 읽다 보면 어떤 음식이 건강에 좋고 나쁜지를 알 수 있어요.
하지만 아무 음식이나 먹으면 건강을 해치고 병에 걸릴 수 있어요. 만약 히포크라테스가 기름진 돈가스, 설탕을 퍼부은 음료수, 소금을 잔뜩 친 감자튀김을 먹는 우리의 모습을 보았다면 몹시 걱정했을 거예요.

먹고, 마시고, 또 먹고!

옛날에는 오늘날처럼 생활이 복잡하지 않아서 간단하게 식사했을 것 같은데, 과연 그럴까요?

고대 로마인들 중 특히 귀족이나 부자, 상류층은 끊임없이 먹고 마시는 걸 즐겼어요.

고대 로마의 상류층 사람들은 **여럿이 모여 음식을 먹는 연회를 좋아했어요**. 연회는 오후 늦게 시작해 이튿날 해가 뜰 때까지 이어지기도 했어요. **당시 사람들은 기다란 의자에 비스듬히 누워 손으로 음식을 집어 먹고 와인을 마셨어요.** 식욕을 돋우기 위한 달걀 요리로 식사를 시작하고, 다섯 가지가 넘는 요리를 차례로 먹은 뒤 디저트로 과일을 먹었어요. 비스듬히 누워서 먹으면 위장에 많은 음식을 넣을 수 있었어요. 그렇다고 이들의 위장이 오늘날 사람들보다 더 크지는 않았어요. 그래서 음식을 너무 많이 먹다가 토하기도 했는데, 그러고도 또 먹었답니다.

당시 사람들은 연회에서 자기가 얼마나 부자이고 지위가 높은지 자랑하고 싶어 했어요. 다른 사람보다 더 고급스럽고 호화로운 요리를 내놓으며 경쟁을 벌였지요.

고대 로마에서는 금과 보석으로 요리를 장식하기도 했어요. 당시 사람들은 공작새의 뇌, 홍학의 혀, 황새 고기 같은 이상한 음식도 먹었어요. 또 멀리 떨어진 산에서 구해 온 얼음으로 음료를 차갑게 해서 마셨어요.

온가락이
포크가 되기까지

인류는 아주 오랫동안 손으로 음식을 집어 먹었어요. 그럼 언제부터 도구를 사용해 식사했을까요? 어느 날 갑자기 흰 말을 탄 멋진 사람이 "짠!" 하고 나타나서 스푼, 포크, 나이프를 주었을까요? 세련되고 우아한 식사 예절도 가르쳐 주고요? 아니에요. 절대로 그렇지 않답니다.

고대 로마인들은 액체를 뜨거나 담을 때 커다란 소라 껍데기를 사용했어요.

인류는 선사 시대에 이르러 아주 간단한 도구를 사용했어요. 당시에는 액체를 뜨고 담을 때 오늘날의 스푼처럼 가운데가 오목한 돌이나 조개껍데기 같은 것을 사용했어요. 그리고 무언가를 자를 때는 단단하고 날카로운 돌을 사용했지요. 음식을 준비할 때는 도구를 썼지만, 음식을 먹을 때는 여전히 손을 사용했답니다.

마리아 아르기라 공주

포크는 11세기에 비잔틴 제국의 마리아 아르기라 공주가 유럽에 전파했어요. 중세 유럽에서는 날이 두 개인 포크를 사용했어요. 처음엔 음식을 찍어서 입에 넣기 위해서가 아니라 주로 음식을 작은 덩어리로 나누거나 잘게 부술 때 썼어요.

포크는 특히 이탈리에서 인기를 끌었어요. 스파게티를 먹을 때 아주 편리했거든요.
유럽과 미국을 비롯한 서양에서는 18세기부터 본격적으로 포크, 스푼, 나이프를 사용했어요. 그중에 끝이 둥그런 나이프는 17세기 프랑스 왕 루이 14세가 널리 퍼뜨렸어요. 식사하다가 싸움이 나면 사람들이 날카로운 나이프에 다칠 수도 있다고 생각해 끝을 둥그렇게 만들었다고 해요.

중세 유럽의 상류층은 금속으로 만든 포크와 나이프를 사용했지만, 보통 사람들은 나무로 만든 도구를 사용했어요. 그리고 당시에는 포크와 나이프가 흔하지 않아서 연회에 참석할 때 자기 것을 챙겨 가야 했지요.
우리나라를 비롯해 중국과 일본에서는 음식을 먹을 때 젓가락과 숟가락을 사용해요. 그리고 인도 같은 나라에서는 전통적으로 손으로 음식을 집어 먹지요.

내가 없는 디저트

18

숙제 다 했다! 고생했으니까
초콜릿 하나 먹어야지.

초콜릿과 아이스크림을 좋아하나요? 이런 식품은 칼로리가 너무 높아서 건강에 좋지 않아요.
하지만 우리는 그냥 단 음식이 당기거나 기분을 바꾸고 싶다며 초콜릿과 아이스크림을 먹어요.
또 자기 스스로 상을 주거나 즐기고 싶을 때, 달콤한 음식을 먹기도 하지요.

영화관에서 콜라와 팝콘은 무조건이지.

중세 유럽에서는 몸에 필요한 영양분을 얻기 위해 음식을 먹었어요. 맛을 즐기거나 기분을 바꾸기 위해 음식을 먹는 경우는 별로 없었지요. 대부분 가난한 데다 힘든 노동을 했는데, 부유한 영주의 농사를 대신 짓고 전쟁터에 나가 싸우기도 했지요. 영주처럼 풍요롭고 권력이 있는 사람들은 일할 필요가 없었어요. 요리사가 정성껏 만든 음식을 맛있게 먹기만 하면 됐지요.

가난한 사람들은 대부분 하루에 점심과 저녁 두 끼를 먹었어요. 주로 양배추, 당근, 양파 같은 채소와 귀리나 밀로 만든 시리얼과 빵을 먹었어요. 고기는 비싸서 먹을 수 없었어요.

중세 유럽에서는 팬케이크처럼 생긴 납작한 빵을 많이 먹었어요.
밀가루에 물만 섞어 반죽해 구운 빵이었어요.

중세 유럽에서는 종교적인 이유로 고기를 먹지 않는 금식 기간이 있었어요. 가난한 사람들은 비싼 육류 식품을 먹을 여유가 없기 때문에 상관없었지만 귀족이나 부자들은 달랐지요. 이들은 교묘한 방법으로 금식을 피했답니다. 금식 기간에 고기 대신 먹을 수 있는 음식이 만들어지기도 했어요. 아몬드 우유, 여러 향신료를 섞어 달걀 모양으로 만든 디저트, 돌고래 고기와 비버 꼬리로 만든 소시지 등을 먹었어요. 기독교의 금식 기간인 사순절에는 땅에서 나는 짐승의 고기는 먹을 수 없었지만 물고기는 먹을 수 있었답니다.

먹으면 큰일 나는 음식

기독교는 중세 유럽 사람들에게 매우 중요했어요. 부자든 가난한 사람들이든 기독교의 규칙에 따라 생활했지요. 규칙 중에는 음식을 지나치게 많이 먹고 이것저것 마구 먹는 것을 금지하는 것도 있었어요. **음식 관련 규칙은 금식 기간과 함께 엄격하게 지켜졌어요.**

이슬람교도

돼지고기를 먹거나 술을 마시면 안 돼요. 돼지가 깨끗하지 않은 짐승이라고 생각하기 때문에 돼지고기를 금지하는 거예요. 돼지를 사랑하는 사람들은 다행이라고 생각할 수도 있겠네요. (참고로, 돼지는 지능이 매우 높은 동물이랍니다.)

유대교도

돼지고기를 먹지 않아요. 또 낙타, 당나귀, 말, 산토끼 등의 고기를 비롯해 개구리와 달팽이, 해산물도 대부분 피하지요. 유대교도는 고기와 유제품을 함께 먹지 않아요. 한 그릇에 같이 담아 놓지도 않지요. 음식과 관련된 규칙인 '코셔'에 따라 무엇을 어떻게 먹어야 하는지, 먹지 말아야 하는지 정해진 거예요. 코셔에는 과일나무를 심고 처음 3년 동안 나는 열매를 먹을 수 없다는 규칙도 있어요.

유대교도는 비늘과 지느러미가 있는 해산물은 먹는답니다.

불교도

모든 종류의 고기와 술이 몸에 해롭다고 생각해 어느 정도는 금지하고 있어요. 또 불교도들은 양파, 부추, 마늘, 파, 달래 등은 자극적이라서 정신을 흐리기 때문에 먹지 말아야 한다고 생각해요. 양파를 생으로 먹어 본 사람은 알 거예요. 얼마나 자극적인지 말이에요.

파는 먹을 수 있다고요? 하기는 양파와 마늘에 비하면 덜 자극적이지요.

힌두교도

소고기와 우유를 먹지 않아요. 소를 신성하게 여겨 숭배하기 때문이지요. 힌두교도들은 아무리 배가 고파도 소는 건드리지 않아요. 그래서 인도는 도시에서도 거리를 어슬렁거리며 돌아다니는 소를 자주 볼 수 있지요.

향기로운 보석 향신료

음식에 향과 맛을 더하는 고추, 후추, 파, 마늘, 생강, 겨자, 깨 등을 향신료라고 해요. 언제부터인가 사람들은 향신료를 넣으면 음식의 맛이 바뀐다는 것을 깨달았어요. 유럽 최초의 향신료 중 하나는 선사 시대부터 사용한 커민이에요.

유럽에서 향신료는 보석처럼 여겨져 금 다음으로 비쌀 때도 있었답니다.

향신료는 독특한 맛과 향으로 인기를 끌었어요. 입맛을 돋우고 음식의 불쾌한 냄새를 없애 주었어요. 중세 유럽 사람들은 향신료를 먼 나라에서 가져왔어요. 운송비가 많이 들다 보니 비싸게 거래되었지요. 주로 귀족과 부자들이 즐겨 사용했는데, 값비싼 향신료를 구하기 위해 직접 모험을 떠나는 사람도 있었어요.

이탈리아의 마르코 폴로가 위험을 무릅쓰고 새로운 향신료를 찾아냈어요. 덕분에 중세 유럽 사람들은 후추, 생강, 계피를 알게 되었어요. 그리고 나중에는 정향, 바닐라, 홍고추도 쓰게 되었지요. 아시아에서 수입된 사탕수수도 인기가 높았어요.

향신료 중에는 소금이 들어 있는 게 많아요. 소금은 고기나 생선이 상하지 않게 방부제 역할을 해요. 그래서 냉장고가 아직 발명되지 않은 시대에는 아주 중요했지요. 중세 유럽에서 소금은 귀했기 때문에 누구나 쉽게 구할 수 없었어요.
우리나라의 대표적인 향신료는 고추와 마늘이에요. 둘 다 아주 매운맛이 나는데, 고추는 16~17세기에, 마늘은 삼국 시대에 들어왔어요. 멕시코와 태국도 우리처럼 매운맛을 좋아해서 음식에 고추를 즐겨 써요.

빵이 없으면 케이크를 먹으라고?!

1770년, 열네 살이었던 오스트리아 공주 마리 앙투아네트는 프랑스 국왕 루이 15세의 손자였던 루이 오귀스트 드 부르봉과 결혼했어요. 부르봉은 장차 루이 16세가 된 인물이에요. 당시에는 어린 나이에 결혼하는 경우가 많았어요.

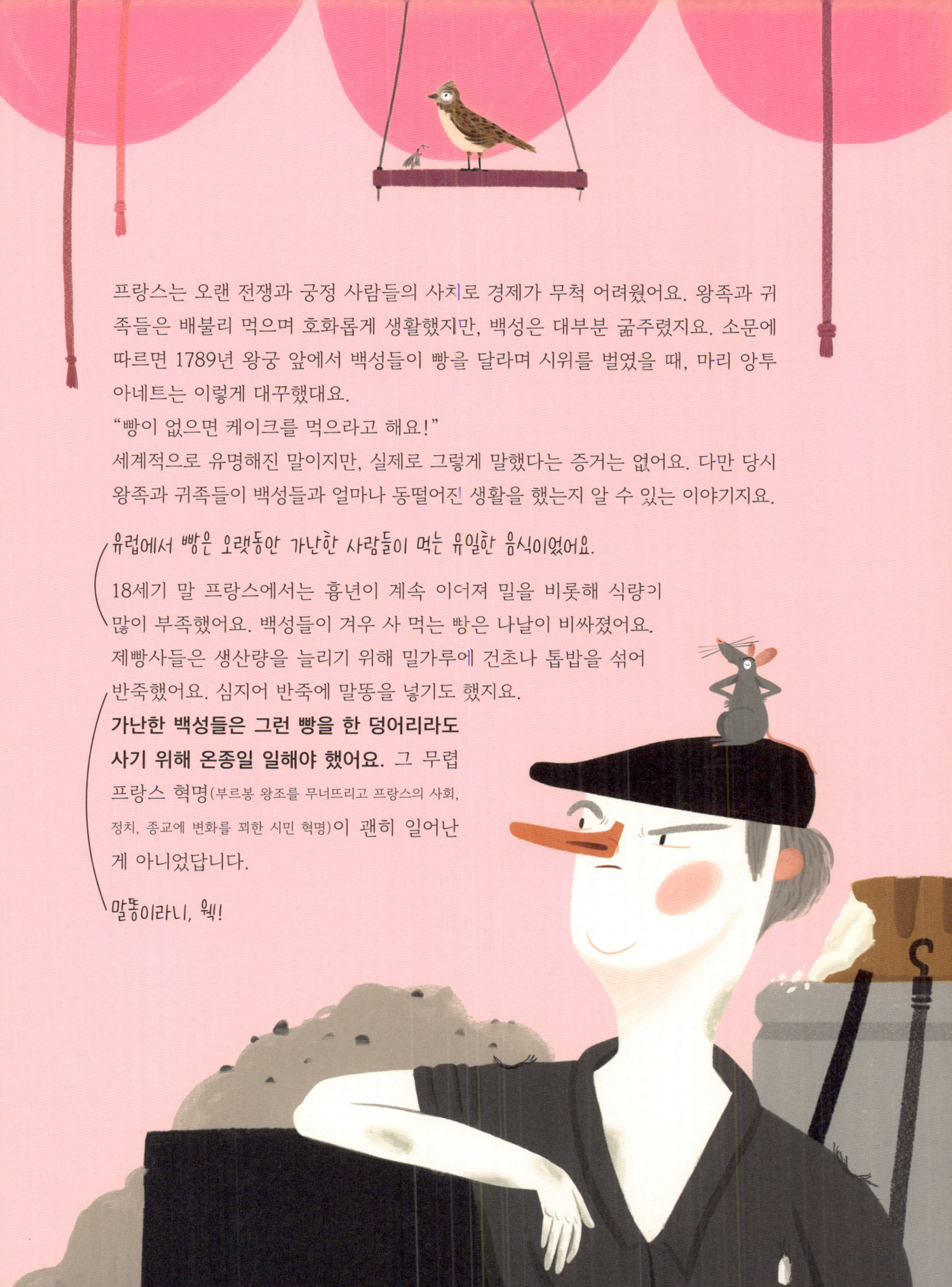

프랑스는 오랜 전쟁과 궁정 사람들의 사치로 경제가 무척 어려웠어요. 왕족과 귀족들은 배불리 먹으며 호화롭게 생활했지만, 백성은 대부분 굶주렸지요. 소문에 따르면 1789년 왕궁 앞에서 백성들이 빵을 달라며 시위를 벌였을 때, 마리 앙투아네트는 이렇게 대꾸했대요.
"빵이 없으면 케이크를 먹으라고 해요!"
세계적으로 유명해진 말이지만, 실제로 그렇게 말했다는 증거는 없어요. 다만 당시 왕족과 귀족들이 백성들과 얼마나 동떨어진 생활을 했는지 알 수 있는 이야기지요.

유럽에서 빵은 오랫동안 가난한 사람들이 먹는 유일한 음식이었어요.

18세기 말 프랑스에서는 흉년이 계속 이어져 밀을 비롯해 식량이 많이 부족했어요. 백성들이 겨우 사 먹는 빵은 나날이 비싸졌어요. 제빵사들은 생산량을 늘리기 위해 밀가루에 건초나 톱밥을 섞어 반죽했어요. 심지어 반죽에 말똥을 넣기도 했지요. **가난한 백성들은 그런 빵을 한 덩어리라도 사기 위해 온종일 일해야 했어요.** 그 무렵 프랑스 혁명(부르봉 왕조를 무너뜨리고 프랑스의 사회, 정치, 종교에 변화를 꾀한 시민 혁명)이 괜히 일어난 게 아니었답니다.

말똥이라니, 웩!

정제 식품 바로 알기

약 200년 전, 사람들은 기계나 화학 물질을 사용하여 식품을 정제하는 법을 알아냈어요. 식품에서 불순물, 색소, 속꺼풀 따위를 없애 더 깔끔하고 맛도 좋게 만들었던 거예요. **이걸 정제 식품이라고 해요.**

영양소에 대해 더 자세하게 알고 싶으면 34쪽을 보세요.

정제 식품은 만드는 과정이 복잡한 반면, 소비자는 싼값에 편리하게 구할 수 있다는 장점이 있어요. 하지만 정제 과정 중에 영양소가 파괴될 수 있고 건강에 해로운 식품이 되기도 해요.

설탕, 밀가루, 식용유가 인기 있는 정제 식품이에요.

식용유는 전 세계 모든 나라에서 요리할 때 쓰고 있어요. 씨앗과 열매 등 여러 가지 식물을 짤 때 나오는 기름으로 만들어요. 우리나라에서는 참깨와 들깨로 참기름과 들기름을 만들지요. 유럽에서는 올리브 열매, 유채씨, 다마씨 등에서 식용유를 얻어요.

식용유는 씨앗이나 열매를 기계로 눌러 짜서 만들기 때문에 원재료의 독특한 냄새가 나요. 참기름에서 참깨 냄새가 나는 것처럼요.

식용유는 오랫동안 보관할 수 있어서 좋지만 정제 과정에서 우리 몸에 좋은 영양소가 파괴될 수 있어요.

아마

설탕은 요리에 가장 많이 쓰이는 정제 식품이지만 너무 많이 먹으면 건강에 해로워요. 설탕은 사탕무나 사탕수수에서 얻는데, 화학적인 정제 과정을 거쳐 단맛이 나는 자당을 뽑아내서 만들어요. 자당은 칼로리가 매우 높아서 건강에 좋지 않지요. 또 설탕에는 비타민이나 미네랄 같은 몸에 좋은 영양소가 들어 있지 않아요.

사탕무

통밀빵은 밀을 거칠게 빻아 겉껍질까지 들어 있는 밀가루로 만든 빵이에요.

곡물 낱알의 겉껍질과 배유에는 식이섬유, 비타민, 효소, 미네랄이 풍부해요. 이런 영양소는 소화를 도와 몸을 건강하게 한답니다. 그런데 밀을 밀가루로 정제하면 겉껍질과 배유가 떨어져 나가 영양소가 줄어들어요.

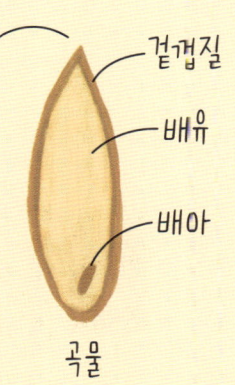

겉껍질
배유
배아
곡물

집에서 비둘기 사냥하기

제2차 세계 대전은 1939년부터 1945년까지 이어졌어요. 필요는 발명의 어머니라는 말이 있어요. **절실하게 필요하면 만들게 된다**는 뜻이지요. 기본적인 식료품조차 없었던 제2차 세계 대전 당시 유럽 사람들이 그랬어요. 특히 살림을 도맡은 여자들은 새롭고 놀라운 요리를 생각해 낼 수밖에 없었지요.

유럽에서 빵은 없어서는 안 되는 식량이에요. 전쟁 중에도 사람들은 가게에 가서 정부에서 나누어 준 쿠폰을 주고 빵을 받곤 했어요. 당시의 빵은 오늘날 우리가 먹는 빵과 아주 달랐어요. 색깔도 칙칙한 데다 시큼한 맛이 났어요. 게다가 진흙처럼 차졌어요.

또 커피콩이 귀해서 도토리로 커피와 비슷한 음료를 만들어 마셨어요. 먼저 도토리를 곱게 갈아서 프라이팬에 볶았어요. 볶은 도토리 가루를 물에 타서 커피처럼 마셨지요. 맛은 커피와 달랐지만 색깔은 커피와 비슷했어요.

전쟁 중이라 찻잎도 구하기 어려웠어요. 그래서 당근을 얇게 썰어 굽거나 볶아 끓인 물에 우렸다가 차처럼 마셨어요. 설탕도 구하기 어려워서 양배추로 푸딩을, 콩으로 케이크를 만들어 먹었답니다.

제2차 세계 대전 중에는 고기 구경은커녕 고기를 파는 가게도 없었지요. 결국 사람들은 직접 동물을 사냥하는 지경에 이르렀어요.

가정집으로 날아온 비둘기는 좋은 사냥감이 되었어요. 비둘기에게 모이를 주면서 집 안에 들어오게 한 다음 붙잡았지요. 그래서 어떻게 했느냐고요? 굽거나 스튜로 만들어 먹었답니다.

건강하지 않은 음식

우리 식탁에는 가공식품이 무척 많아요. 가공식품은 요리하기 편리하고 바로 먹을 수도 있기 때문에 인기가 높지요. 하지만 가공식품을 만드는 과정에서 맛이나 색깔을 내기 위해 온갖 화학 물질이 들어가요. 건강을 생각한다면 지나치게 가공된 식품은 많이 먹지 말아야 해요.

건강을 위하는 사람들은 쇼핑 카트에 가공식품을 넣고 싶은 유혹을 뿌리칠 거예요. 계산대에서 초콜릿을 집지도 않고 무더운 여름에 탄산음료를 마시지도 않겠지요.

사람들은 옛날부터 음식을 보존하는 법을 익혀 왔어요. 굽거나 말리거나 연기로 익히고 소금에 절여 오랫동안 상하지 않게 했지요. 이렇게 하면 음식이 더 맛있어지기도 해요. 또 집에서 직접 만들기 때문에 공장에서 만드는 가공식품과 다르게 재료가 무엇인지 알고 먹을 수 있어요. 제2차 세계 대전 이후 식품을 대량으로 생산하고 가공하는 산업이 발달하기 시작했어요. 대량 생산 식품은 만드는 과정에서 설탕과 소금이 많이 들어가요. 또 트랜스 지방과 방부제를 비롯해 맛을 내기 위한 화학조미료도 쓰여요. 건강에 좋을 수가 없지요.

지나치게 가공된 식품은 영양소가 고르게 들어 있지 않아 건강에는 좋지 않아요. 감자 칩, 설탕이 든 시리얼이나 푸딩, 탄산음료, 각종 즉석식품이 아무리 맛있어도 많이 먹으면 해로울 수 있어요. 우리가 자주 먹는 소시지에는 고기가 반 정도만 들어 있어요. 그렇다면 나머지 반은 무엇일까요? 건강에 해로운 것일 확률이 높아요.

자연이 좋아하는
유기 농업

쌀, 보리, 밀에 들어 있는 탄수화물에 대해 알고 싶으면 34쪽을 보세요.

우리나라는 오랫동안 쌀과 보리로 밥을 지어 먹었어요. 그리고 가끔은 밀로 수제비나 국수를 만들고, 여러 가지 곡식으로 떡을 만들어 먹기도 했지요. 한편 서양에서는 오랫동안 밀로 빵을 만들어 먹어 왔어요.

쌀, 보리, 밀처럼 대량으로 소비되는 곡물은 단일 재배를 해요. **단일 재배는 한 장소에서 한 가지 작물만 재배하는 것**을 말해요. 몇 년에 걸쳐 한곳에 한 가지만 계속 재배하는 방법이지요. 농부들은 일하기 편해서 좋지만, 자연에는 좋지 않은 방법이에요.

단일 재배를 하면 흙 속의 영양분이 빠르게 없어져요. 또 해충이 많이 끓고 곰팡이와 각종 병이 생겨 수확량이 점점 줄어들어요. 그래서 화학 비료와 농약을 더 많이 사용하게 되지요. 이 화학 비료와 농약 성분은 환경에도 좋지 않고 우리가 먹는 음식에 남아 있어서 건강을 해쳐요.

우리의 건강과 자연을 생각한다면 유기농 식재료를 선택하세요. 화학 비료나 농약 등 화학 물질을 사용하지 않고 **유기물과 미생물 같은 천연 물질을 사용하는 농업을 유기 농업이라고 해요**. 여러분이 사는 지역을 살펴보면 한 곳에 다양한 작물을 재배하며 천연 비료를 사용하는 농부가 있을 거예요.

소, 돼지, 닭 등의 가축에게도 공장에서 만든 화학 사료가 아닌 **풀이나 곡류 같은 천연 사료를 먹이는 게 좋아요**. 그리고 비좁은 우리에 가두지 않고 풀어놓고 기르면 더 좋지요.

요즘에는 가축을 친환경적으로 기르고 유기농으로 작물을 재배하는 경우가 많아졌어요. 지역의 마트에 가면 친환경적으로 생산된 과일, 채소, 달걀, 치즈, 우유 등을 살 수 있지요.

5대 영양소 파헤치기

5대 영양소 중에서 하나라도 부족하면 건강해질 수 없어요. 그러니까 편식하지 말고 골고루 먹어야 해요.

영양소란 음식에 들어 있는 영양분이 담긴 물질을 말해요. 영양소는 몸의 세포와 조직을 만드는 에너지를 공급해 우리가 자라도록 도와줘요. 인간의 몸은 매우 복잡한 기계와 같아요. 기계가 제대로 돌아가려면 좋은 연료가 필요하듯 우리 몸도 잘 자라기 위해 좋은 영양소가 필요해요. 그래서 균형 있는 식사는 아주 중요해요.

몸에 필요한 영양소는 크게 다섯 가지로 나뉘어요. 이 '5대 영양소'는 몸에 흡수되어 저마다 다른 역할을 해요.

단백질

단백질은 몸의 피와 살을 만들어요. 또 병을 이겨 내는 힘을 길러 주지요. 그래서 한창 자라는 성장기의 어린이가 단백질이 부족하면 튼튼하고 건강하게 자랄 수 없어요. 단백질은 고기, 생선, 콩, 달걀, 치즈, 두부 등에 많이 들어 있어요.

탄수화물

탄수화물은 몸이 움직이는 데 필요한 에너지를 줘요. 특히 뇌와 근육이 제대로 기능할 수 있도록 도와주지요. 탄수화물이 부족하면 몸무게가 줄고 몸이 약해질 수 있어요. 또 공부하거나 일할 때 집중력도 떨어지지요. 탄수화물은 밥, 빵, 떡, 고구마, 감자, 옥수수 등에 많이 들어 있어요.

음식을 많이 먹으면 영양분도 많이 흡수할까요? 그렇지 않아요. 오히려 음식을 많이 먹으면 너무 살이 쪄서 건강에 해로워요. 우리가 좋아하는 초콜릿, 비스킷, 감자 칩 등은 칼로리만 높고 비타민 같은 몸에 좋은 영양소는 별로 없어요. 그래서 적당히 먹어야 해요.

영양소는 음식을 통해 얻는 것이 좋아요. 채소나 과일을 먹어서 비타민을 흡수하는 것처럼요. 알약으로 된 영양제는 꼭 필요하거나 의사 선생님이 권할 때만 먹는 것이 좋아요.

지방

지방은 힘을 내고 체온을 일정하게 유지해 줘요. 또 우리 몸이 비타민 A, D, E, K를 흡수하도록 도와주지요. 땅콩, 호두 등에 들어 있는 식물성 지방은 대체로 우리 몸에 좋지만, 소고기나 돼지고기에 든 동물성 지방은 해로울 수 있으므로 많이 먹지 않는 것이 좋아요.

비타민

비타민은 우리 몸의 각 기관이 제 역할을 하도록 도와줘요. 물에 잘 녹는 수용성 비타민(비타민 C, B)과 지방에 잘 녹는 지용성 비타민(비타민 A, D, E, K)이 있는데, 두 가지 모두 부족하면 쉽게 피곤하고 병에 잘 걸려요. 비타민은 채소와 과일에 많이 들어 있어요.

미네랄

미네랄(무기질)은 몸이 제대로 기능하도록 도와주는 영양소예요. 철, 인, 요오드, 칼륨, 칼슘 성분이 있는데, 특히 칼슘은 뼈와 이를 튼튼하게 해 줘요. 칼슘이 많이 든 식품에는 우유, 치즈, 멸치, 시금치 등이 있답니다.

올바른 음식과 착한 소비

직업 윤리라는 말이 있어요. 어떤 직업이든 일할 때 마땅히 지켜야 할 도리를 말하지요. 식품 산업 분야에서 일하는 사람들도 정직하고 올바르게 식품을 만드는 직업 윤리를 지켜야 해요.

책임감을 느끼고 정직하게 작물을 재배하는 농부는 자기 이익만을 생각하지 않아요. 사람들이 좋은 환경에서 일하도록 돌보고 자연에 나쁜 영향을 주지 않도록 신경을 쓰지요.

자연에서 햇빛을 충분히 받고 비를 맞으며 천천히 자란 바나나나무의 열매는 맛도 좋고 건강에도 좋을 거예요. 하지만 사람들은 더 많은 바나나를 더 빨리, 더 싸게 사려고 해요. 바나나 농장 주인은 비용을 절약하기 위해 화약 약품으로 바나나를 억지로 익히고 낮은 임금으로 노동자를 부리게 되지요.

특히 가난한 나라에서는 아주 적은 임금을 받고 일하는 사람이 많아요. 심지어 어린이들까지도 학교에 가지 못한 채 터무니없이 적은 돈을 받으며 온종일 힘든 일을 하지요. 이렇게 불공평한 노동 문제를 해결하고 올바르고 정직한 제품을 만들기 위해 '공정 무역'이라는 제도가 생겼어요. 공정 무역은 자연환경에 해를 끼치지 않고 제품을 생산하고 생산자와 소비자가 직접 거래하며 노동력에 대해 공평한 대가가 지불될 수 있게 지원해요.

공정 무역은 이익보다 자연환경과 사람이 더 중요하다는 원칙에 따라 만들어진 제도예요. 지구 반대편까지 좋은 영향을 미치는 공정 무역은 생산자와 소비자 모두 행복해지는 거래로, '착한 소비'라 불리기도 해요.

세계 공정 무역 기구의 상징
www.wfto.com

페어 포 라이프 시스템 (2006년 이후)
www.fairforlife.org

가장 오래되고 가장 잘 알려진 공정 무역 마크
www.info.fairtrade.net

유럽 연합에서 유기농의 상징

UTZ 인증 마크
www.utz.org

열대 우림 동맹 인증 제품 마크
www.rainforest-alliance.org

우리 일상에서도 착한 소비를 실천할 수 있어요. 만약 가까운 곳에서 벌꿀을 생산한다면 직접 가서 벌꿀이 어떻게 만들어지는지 보고 살 수 있어요. 하지만 먼 나라에서 생산되는 식품은 직접 확인할 수 없지요. 그래도 그 식품이 좋은지 나쁜지는 알 수 있어요. **믿을 만한 자료와 정직한 공정으로 만든 식품에는 특별한 마크나 라벨이 붙어 있거든요.** 공정 무역 제품을 증명하는 마크가 어떻게 생겼는지 아는 것은 아주 중요해요. 널리 알려진 마크로는 UTZ 인증 마크, 청개구리 마크 등이 있어요.

청개구리 마크는 제품이 생산되는 과정에서 숲이 파괴되거나 강이 오염되지 않았다는 것을 증명하는 거예요.

UTZ는 마야어로 '좋다'는 뜻이에요.

배고픈 사람들

여러분 중에는 맛있는 간식을 먹으면서 이 책을 읽는 사람이 있을 거예요.
한편 어딘가에는 당장 먹을 음식이 없어 굶는 사람도 있을 거고요.

반면에 종교적인 이유로, 건강을 지키거나 날씬해지고 싶어서 음식을 먹지 않는 사람도 있어요. 건강한 성인의 경우 하루 이틀 금식해도 몸에 이상이 생기지 않아요. 오히려 짧은 기간의 금식은 건강에 좋을 수 있어요. 정신이 맑아지기도 하지요. 그런데 금식 기간에도 물은 규칙적으로 마셔야 해요. 수분이 부족하면 신체 기능에 여러 문제가 생기거든요. 금식도 너무 오래 하면 건강에 해롭다는 사실을 잊지 말아야 해요.

하루쯤 음식을 멀리한 사람은 오히려 건강에 도움이 될 수 있어요.

이 세상에는 **먹는 날보다 굶는 날이 많은 사람도 있어요.** 가난한 나라에서는 한 끼를 먹기 위해 온종일 일하는 사람도 많아요. 이들은 다음 날 저녁은커녕 오늘 당장 저녁을 어떻게 해결할지 걱정할 거예요. 반면에 우리는 수많은 메뉴 중에서 오늘 저녁으로 무엇을 먹어야 하는지 고민하거나 마트에서 어떤 식품을 사야 하는지 몰라 걱정하지요.

쓰레기로 버려지는 음식

우리가 사는 세계는 식량이 부족할까요? 그렇지 않아요. **식량은 전 세계 사람들이 먹고 남을 정도로 많이 생산돼요.** 그런데도 9명 중 1명은 굶주리고, 4명 중 1명은 다음 날 음식을 먹을 수 있을지 없을지 몰라요. 또 10명 중 1명은 너무 많이 먹어서 뚱뚱해요.

90명 중에서 10명은 배고픔으로 고통받고, 22명은 영양실조에 걸려 있으며, 9명은 너무 많이 먹어 건강에 문제가 생겨요. 오직 49명만 건강하고 균형 잡힌 식사를 해요. 식량이 부족하지 않은데, 도대체 왜 누군가는 굶주리는 걸까요?

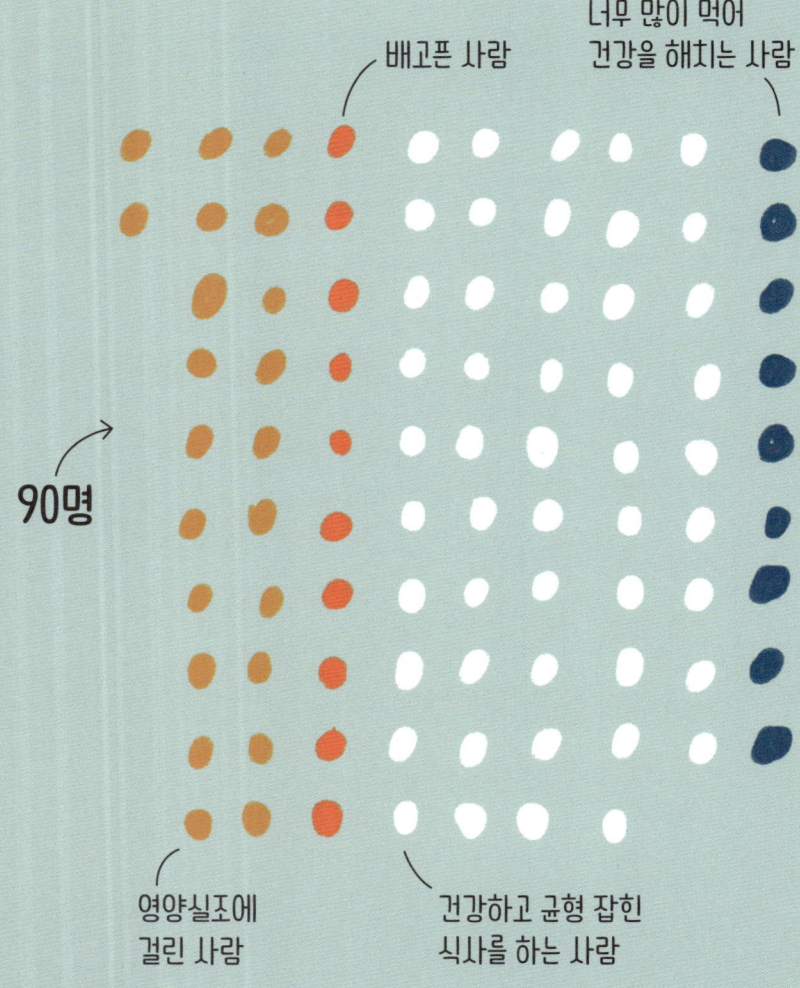

사실 우리 주위에는 음식이 너무 많아요. 우리는 먹을 음식이 없어서 고민하지 않아요. 오히려 음식이 너무 많아 어느 것을 먹어야 할지 몰라 고민하거나 그냥 다 사 버리지요. 게다가 **배가 불러서 또는 맛이 없다며 음식을 마구 버려요. 음식이 얼마나 소중한지 모른 채 말이에요.**

유엔 세계 식량 계획(WFP)에 따르면 해마다 전 세계에서 생산하는 식량 40억 톤 중 3분의 1이 버려진대요. 돈으로 따지면 연간 1조 달러가 버려지는 셈이지요.

우리나라는 세계 어느 나라보다 음식 낭비가 심해요. 우리나라에서 하루에 버려지는 음식은 2만 톤이 넘으며, 이 양은 4톤 트럭 5천 대 분량이나 된답니다.

푸드 뱅크라는 말을 들어 보았나요? 푸드 뱅크는 가정과 단체 급식소에서 남은 음식이나 유통 기한이 가까워 판매하기 힘든 식품을 이웃과 나누기 위해 맡기는 은행 같은 곳이에요.

푸드 뱅크에 맡긴 음식은 사회 복지 시설이나 음식이 필요한 사람에게 무료로 전달돼요. 한마디로 남은 음식을 버리는 대신 이웃에게 주는 거예요. 여러분도 푸드 뱅크로 이웃을 도울 수 있어요. 푸드 뱅크 같은 기관을 통하지 않고 낯선 사람에게 직접 남은 음식을 주는 것은 바람직하지 않아요. 누군가를 돕고 싶다면 푸드 뱅크 같은 기관에 연락하세요. 우리나라 사람을 도울 수도 있지만 다른 나라 사람을 돕는 전 세계적인 기관도 있답니다.

음식을 남기지 않는 것도 좋은 일을 하는 거예요. 음식 쓰레기는 환경을 파괴하니까요.

슈퍼 푸드라고 불리는 식품들이 있어요. 왠지 슈퍼 푸드를 먹으면 초능력이 생겨 슈퍼맨처럼 하늘 높이 날 수 있을 것 같지 않나요? **슈퍼 푸드는 우리 몸을 튼튼하고 건강하게 만들고 질병에 걸리지 않게 예방해 주는 식품을 말해요.**

대단한

슈퍼 푸드 중에는 아주 먼 곳에서 생산되는 식품이 있어요. 단백질이 많은 퀴노아는 볼리비아, 여러 가지 영양소가 듬뿍 든 치아시드는 과테말라, 비타민이 많은 마카는 안데스산맥에서 자라요. 면역력을 길러 주는 구기자는 티베트와 우리나라에서 자라지요.
주위에서 쉽게 구할 수 있는 슈퍼 푸드로는 양파와 마늘이 있어요. 양파는 감기에 걸렸을 때 먹으면 좋아요. 비타민과 미네랄이 많이 들어 있거든요. 마늘은 바이러스와 세균을 없애는 효과가 있어요. 또 혈압을 낮추고 소화를 돕기도 하지요.

하지만 마늘이 아무리 슈퍼 푸드라고 하더라도 매운맛을 내는 알리신이 들어 있어 날것으로 먹으면 굉장히 고통스러워요. 마늘과 양파를 먹어 본 사람은 얼마나 매운지 알 거예요.

마늘이 작다고 얕보지 마세요.

슈퍼 푸드

또 꿀, 수수, 호두, 크랜베리도 슈퍼 푸드랍니다. 꿀은 나쁜 세균을 없애는 효과가 있어요. 그리고 꿀에는 칼륨, 마그네슘, 칼슘, 철분을 비롯해 미네랄과 비타민A, B가 많아요. 수수는 소화가 잘되는 데다 우리 몸에 여러 가지 영양분을 공급해 줘요. 호두는 심장을 튼튼하게 하고 뇌가 활발히 움직이게 도와주지요. 크랜베리는 방광이나 위장이 좋지 않은 사람이 먹으면 효과가 있어요.

핫도그나 감자튀김, 아이스크림 대신에 슈퍼 푸드로 만든 간식을 먹어 보세요. 며칠만 먹어도 몸이 건강해진 걸 느낄 거예요.

함께 먹는 즐거움

당신이 동의하든 않든 **나는 당신을** 좋아하고 존경할 거예요.

앤서니 보댕

이 말은 음식이 인간관계에 얼마나 영향을 미치는지 알게 해 줘요. 식탁에서 음식을 먹으며 다른 사람과 이야기를 주고받는 건 즐거운 일이에요. **함께 식사하며 이야기를 나누다 보면 서로 친밀해져 어색함이 사라지게 돼요. 심지어 속에 있는 말도 털어놓을 수 있지요.**

할머니 댁에서 음식을 차려 놓고 온 가족이 둘러앉아 이야기를 나누는 모습을 떠올려 보세요. 또 생일파티에서 친구들과 웃고 떠드는 모습도 떠올려 보고요. 다 같이 모여 맛있는 음식을 먹는 생각만 해도 즐거울 거예요.

음식을 먹으며 좋아한다고 말하면 상대방은 더 기분이 좋아질 거예요.

앤서니 보댕은 미국의 유명한 요리사이자 여행가예요. 텔레비전 요리 프로그램에도 자주 나왔는데, 전 세계를 여행하면서 처음 보는 사람들과 같이 음식을 먹었어요. 모르는 사람이라도 함께 식사하면 아주 친해졌지요. 앤서니 보댕은 음식을 함께 먹는 일이 마법 같다고 표현했어요. 외국어라서 말을 전혀 알아듣지 못해도 함께 음식을 먹다 보면 상대방이 어떤 사람이고 어떻게 사는지, 행복한지 불행한지 알 수 있다고 해요. 앤서니 보댕은 음식은 몸과 더불어 정신에도 영양분을 공급해 준다고 믿었답니다.

바쁘니까 패스트푸드?

세상은 정말 빠르게 돌아가요. 우리도 세상에 맞춰 빠르게 움직이고 있지요. 월요일인가 싶으면 금세 화요일, 수요일, 그러다 어느새 토요일이 돼요. 한 달도, 1년도 금방 지나가 버리지요.

사람들은 바쁜 나날 속에서 잠시도 여유 있게 쉬지 못해요. 음식을 먹을 때도 천천히 맛을 느낄 새도 없이 서둘러 빨리 먹어야 해요.

다른 건 몰라도 라면이나 수프 같은 음식은 거리를 걸으면서 먹지 마세요. 그런 모습을 좋게 볼 사람은 아무도 없을 거예요.

주문하면 즉시 만들어져 나오는 햄버거나 프라이드치킨 같은 식품을 패스트푸드라고 해요. 패스트푸드는 매일 바쁘게 사는 요즘 사람들에게 인기가 많아요. 어디에서든 쉽게 살 수 있고 이동 중에도 간편하게 먹을 수 있기 때문이지요. 게다가 맛있고 저렴해서 사 먹는 데 별 부담도 없어요.

하지만 패스트푸드는 건강에 좋지 않아요. 설탕, 소금, 지방이 많이 들어 있어서 칼로리가 높아 많이 먹으면 뚱뚱해져요.

현대 사람들, 특히 도시 사람들은 너무 바빠서 집이나 식당에서 느긋하게 식사할 여유가 없어요. 바로 그런 사람들을 위해 즉석식품을 만들어 마트나 편의점에서 판매하고 있지요. 즉석식품은 조리하기도 쉽고 편해요. 대부분 전자레인지에 살짝 데우면 바로 먹을 수 있지요.

즉석식품도 패스트푸드처럼 맛은 있을지 모르지만 건강에는 별로 좋지 않답니다. 비타민이나 미네랄 같은 좋은 영양소가 들어 있는 경우가 드물어요.

슬로푸드 운동은 패스트푸드를 반대하는 운동이에요. 빨리 만들고 빨리 먹는 패스트푸드를 멀리하자는 뜻이 담겨 있어요. 지역 고유의 식재료와 전통 조리법을 지켜서 음식을 만들고, 천천히 맛을 느끼며, 즐겁게 식사하자는 것이지요. 어떤 식품에 달팽이 마크가 붙어 있다면 슬로푸드라는 뜻이에요. **슬로푸드 운동은 1986년 이탈리아의 카를로 페트리니라는 사람이 시작했어요.**

이름만 들어도 슬로푸드는 패스트푸드와 다르다는 걸 알 수 있을 거예요.

- 카를로 페트리니는 2004년에 이탈리아 북쪽의 작은 마을 '브라'에 대학을 세웠어요. 이 대학에서는 오직 음식에 대해서만 교육한답니다.

- 카를로 페트리니는 집과 가까운 곳에 작은 밭을 만들라고 말해요. 실제로 요즘에는 텃밭을 가꾸는 사람들이 많아졌어요. 여러분도 발코니, 베란다, 옥상, 마당 한구석에 좋아하는 작물을 키워 본 적 있나요?

- 카를로 페트리니는 텃밭에 씨앗을 심고 작물을 가꾸는 게 얼마나 즐겁고 보람된 일인지 느껴 보라고 말해요. 또 울퉁불퉁하고 구부러져 못생긴 당근도 깨끗이 손질하면 얼마든지 맛있게 먹을 수 있는 식품이 된다고 해요.

유럽에서는 수확한 채소의 3분의 1을 겉보기에 좋지 않다는 이유로 버려요. 우리나라에서 버려지는 못난이 채소의 경우, 직거래나 공동구매로 사고팔 수 있답니다.

누구나 슬로푸드 운동에 참여할 수 있어요. 지금 여러분이 사는 지역에서 생산된 재료를 가지고 집에서 직접 음식을 만들어 보는 거예요. 천천히 정성을 들여 만든 음식을 친구와 함께 즐겁게 먹으면 그게 바로 슬로푸드 운동이랍니다.

우리 동네 로컬푸드

제철 음식

우리는 계절과 상관없이 어느 때든 원하는 식품을 마트에서 살 수 있어요. 한겨울에도 마트에 가면 서늘한 기후에 나는 딸기를 볼 수 있지요. 심지어 여름에 나는 수박도 겨울에 구할 수 있어요. 게다가 망고, 아보카도, 바나나 등 한국에서 잘 나지 않는 식품도 언제든 구할 수 있어요.

그런데 이렇게 제철이 아닌 시기에 나온 채소나 과일이 건강에 좋을까요? 그렇지 않아요. **채소든 과일이든 제때 자연에서 햇빛을 충분히 받고 비바람을 맞으며 자라야만 건강해요.** 이렇게 온전히 다 자랐을 때야 비로소 영양분도 풍부하고 맛도 좋답니다. 먹거리가 건강해야 우리도 건강해져요.

여러분이 사는 지역 근처에서 재배한 채소와 과일이 외국에서 들어오는 것보다 건강에 좋아요. 왜냐하면 농장에서 충분히 다 자란 뒤 곧바로 시장에 나오기 때문이지요.

채소와 과일은 자연에서 순리대로 자란 것이 좋아요. 식물마다 꽃이 피고 열매를 맺으며 익는 시기가 있어요. 그래서 딸기는 늦은 봄, 수박, 참외, 토마토는 여름, 사과와 배는 가을에 나는 것을 먹어야 건강에 좋답니다.

꼼꼼히 따지고 먹는 습관

여러분은 식품 포장지를 자세히 본 적 있나요? **포장지에는 식품의 재료와 영양소에 대해 적혀 있지요.** 식품을 살 때는 포장지의 글을 꼼꼼히 읽어 보아야 해요. 그래야 그 식품이 건강에 좋은지 나쁜지를 알 수 있답니다.

2023년부터는 소비자가 식품을 구매한 뒤, 먹을 수 있는 기간이 포장지에 표시돼요. 이를 '소비 기한'이라고 한답니다.

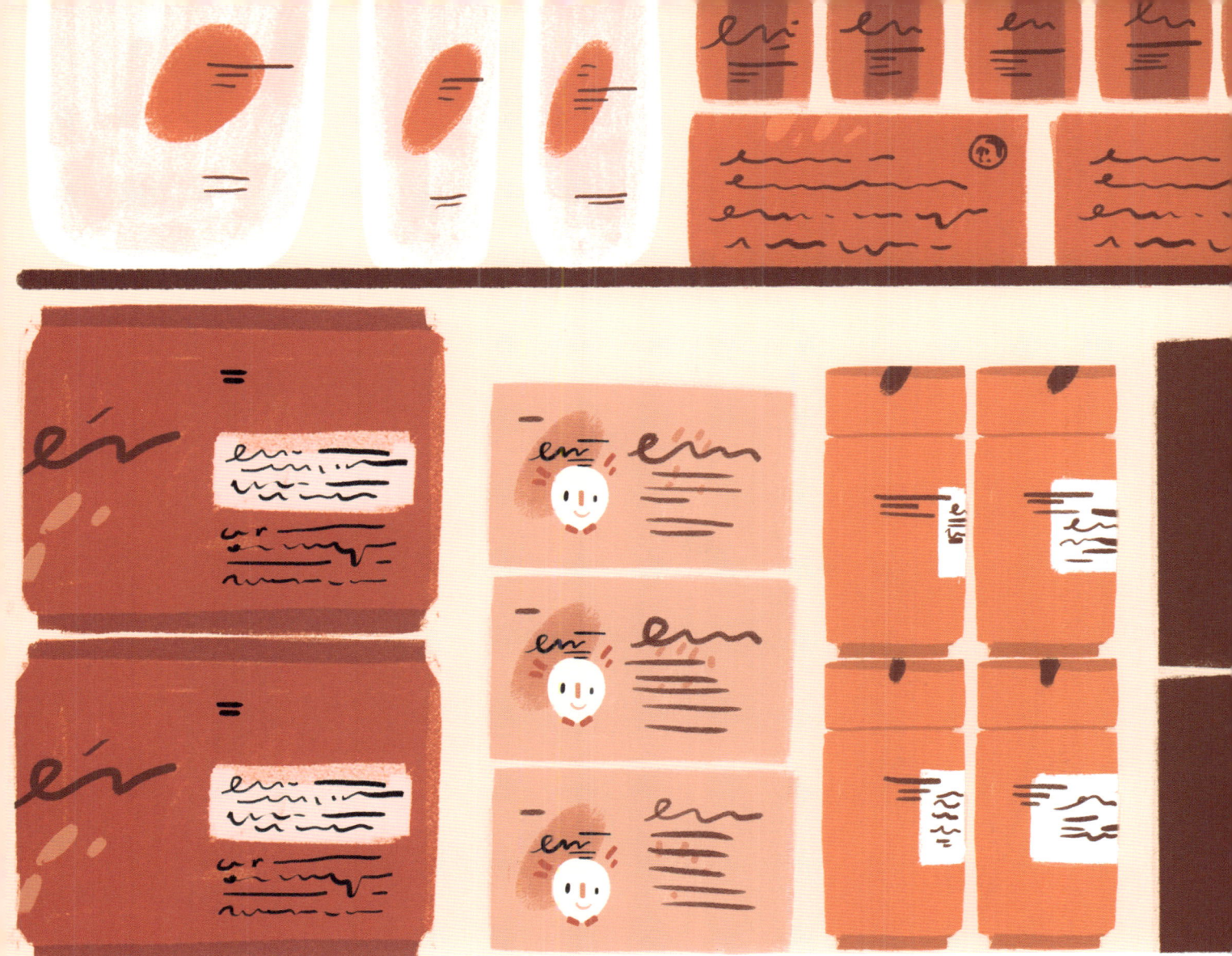

식품을 만드는 곳은 식품에 들어간 재료를 포장지에 낱낱이 표기해야 해요. 대부분 많이 들어간 재료부터 차례대로 쓰여 있어요. 예를 들어 초콜릿의 재료 표시에 설탕이 맨 먼저 적혀 있다면 설탕이 가장 많이 들어 있다는 뜻이에요. 품질이 좋은 초콜릿은 코코아가 많이 들어 있어요.

식품 포장지에 적힌 재료 이름을 읽다 보면 뭐가 뭔지 알쏭달쏭한 것이 참 많아요. 가끔 벤조산 나트륨, 모노글리세라이드, 다이글리세라이드 같은 외국어 이름도 눈에 띌 거예요. 이런 재료는 건강에 좋지 않으므로 주의 표시가 있어야 해요. 또 모르는 재료가 있다면 인터넷으로 알아보는 습관을 들이는 게 좋아요.

채소, 과일, 달걀 등은 재료 표시는 없지만 어떤 영양소가 들어 있는지는 알 수 있어요. 식품 하나하나에 관심을 기울이면 그만큼 건강한 식생활을 할 수 있어요.

알고 먹는 것과 모르고 먹는 것이 같을 수는 없어요.

나물일까요, 약초일까요?

- 명아주
- 우엉
- 애기똥풀
- 쐐기풀
- 질경이
- 참나물
- 마늘냉이

쑥, 고사리, 냉이처럼 먹을 수 있는 풀을 통틀어 '나물'이라고 해요. 나물은 삶거나 볶아서 먹기도 하고 날것으로 양념해 무쳐 먹을 수도 있지요. **나물은 사람이 가꾸지 않아도 자연에서 저절로 자라기 때문에 유기농 작물처럼 건강에 좋아요.** 봄에 들이나 산에 가 보면 누구나 쉽게 나물을 발견할 수 있어요.

풀 중에서 먹을 수 있는 나물이 어떤 것인지 알아보세요.

나물을 캐러 들이나 산에 갈 때 조심할 게 있어요. 나물과 비슷해 보이지만 먹으면 안 되는 식물이 많거든요. 어떤 식물에는 독성이 들어 있어서 먹으면 구토나 설사를 하고, 심하면 병원에 실려 갈 수도 있어요.

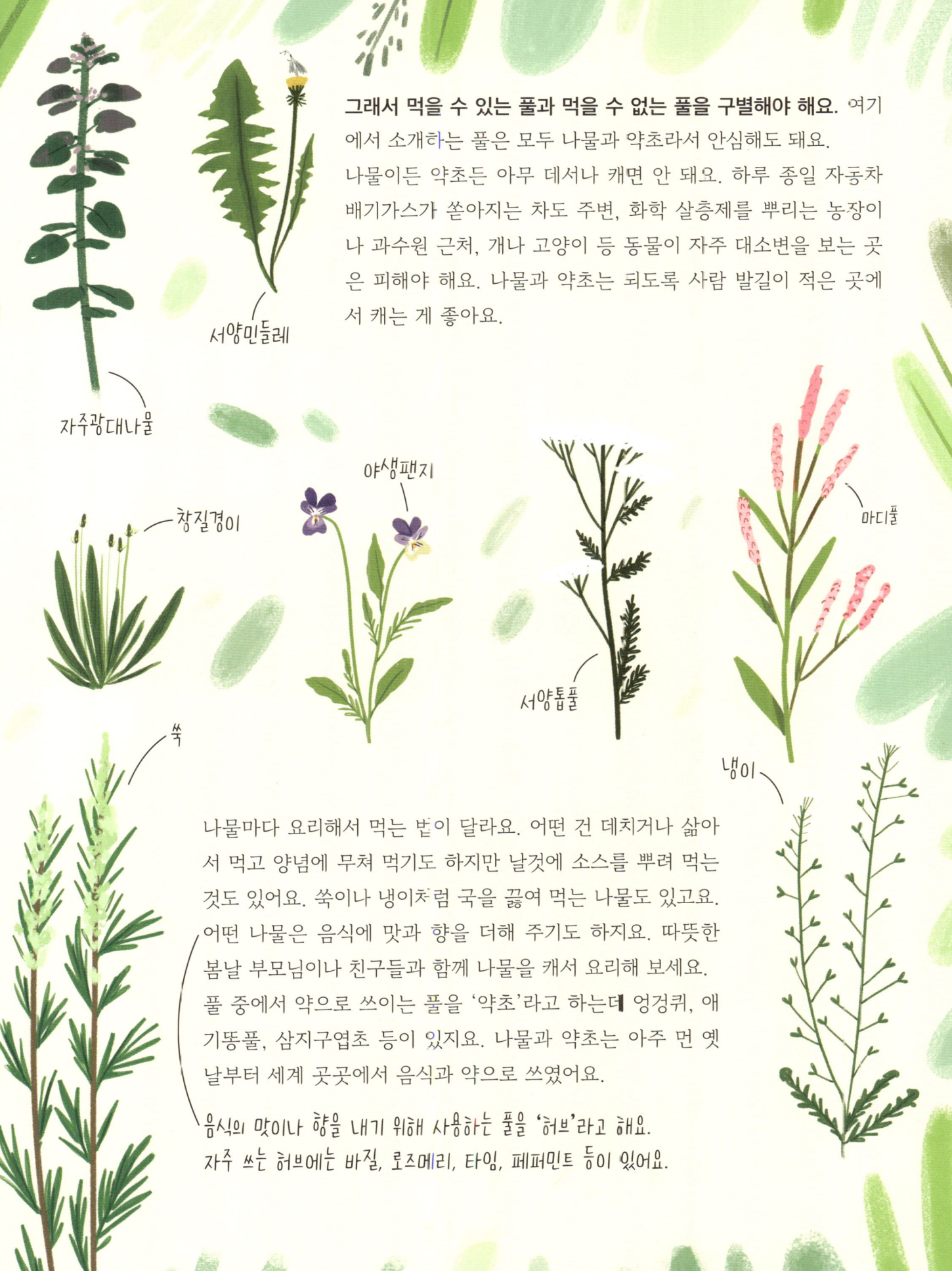

그래서 먹을 수 있는 풀과 먹을 수 없는 풀을 구별해야 해요. 여기에서 소개하는 풀은 모두 나물과 약초라서 안심해도 돼요.
나물이든 약초든 아무 데서나 캐면 안 돼요. 하루 종일 자동차 배기가스가 쏟아지는 차도 주변, 화학 살충제를 뿌리는 농장이나 과수원 근처, 개나 고양이 등 동물이 자주 대소변을 보는 곳은 피해야 해요. 나물과 약초는 되도록 사람 발길이 적은 곳에서 캐는 게 좋아요.

나물마다 요리해서 먹는 법이 달라요. 어떤 건 데치거나 삶아서 먹고 양념에 무쳐 먹기도 하지만 날것에 소스를 뿌려 먹는 것도 있어요. 쑥이나 냉이처럼 국을 끓여 먹는 나물도 있고요. 어떤 나물은 음식에 맛과 향을 더해 주기도 하지요. 따뜻한 봄날 부모님이나 친구들과 함께 나물을 캐서 요리해 보세요.
풀 중에서 약으로 쓰이는 풀을 '약초'라고 하는데 엉겅퀴, 애기똥풀, 삼지구엽초 등이 있지요. 나물과 약초는 아주 먼 옛날부터 세계 곳곳에서 음식과 약으로 쓰였어요.

음식의 맛이나 향을 내기 위해 사용하는 풀을 '허브'라고 해요. 자주 쓰는 허브에는 바질, 로즈메리, 타임, 페퍼민트 등이 있어요.

잡식 동물의 대명사 인간

잡식 동물이란 고기와 채소 둘 다 먹고 사는 동물을 말해요. **사람이 바로 대표적인 잡식 동물이에요.**
잡식 동물 중에는 바퀴벌레도 있어요.

먼 옛날 선사 시대에는 식량을 구하는 게 쉽지 않았어요. 고기를 먹기 위해 하루 종일 사냥했지요. 사람들은 사냥으로 살아가는 데 꼭 필요한 단백질을 얻었어요. 물론 식물로도 단백질을 섭취할 수 있었지만 훨씬 많은 양의 식물이 필요했어요. 만약 인간이 채소나 과일만 먹는 채식 동물이라면 선사 시대 사람들은 굶어 죽었을지도 몰라요. 당시에는 채소나 과일을 재배하지 않았기 때문이지요.

사냥은 사회적으로 중요한 행사였어요. 특히 여러 사람이 협동하며 커다란 짐승을 잡고 나누어 먹는 과정에서 공동체 의식이 생겼지요. 공동체에 서열이 생기면서 계급에 따라 가장 높은 사람은 가장 좋은 부위의 고기를 차지했답니다.

농업이 큰 규모로 발달하기 전인 19세기까지만 해도 고기는 매우 비싸고 구하기 힘든 식품이었어요. 평범한 사람들은 잔칫날이나 특별한 행사 때만 고기를 먹었어요. 고기는 부와 권력의 상징이었지요.

오늘날에는 고기나 육류 식품이 흔해요. 비싸지 않아 누구나 쉽게 먹을 수 있지요. 하지만 적당히 먹어야 해요. 옛날에는 육체적으로 힘을 많이 쓰는 일을 해서 칼로리가 많이 필요했지만 이제는 그렇지 않아요. 그런데도 왜 우리는 육류 식품을 자주 먹을까요? 고기의 감칠맛에 길들여졌기 때문이 아닐까요?

오늘날 고기는 안심, 등심, 갈비 등 부위에 따라 가격이 달라요.

우리는 태어나서 엄마 젖을 먹고 자랐어요. 엄마 젖은 달콤한 맛이 나요. **달콤한 걸 먹으면 몸에서 행복한 호르몬이 만들어져요.** 그래서 단것을 먹으면 기분이 좋아지지요.

설탕은 과일이나 시리얼에도 들어 있어요. 자연에서 나는 과일에는 적당한 양의 설탕이 들어 있지요. 그래서 많이 먹지 않는다면 건강에 해롭지 않아요. 문제는 화학 설탕이 들어간 가공식품을 많이 먹는 거예요. 사람들은 오래전에 식물에서 수크로스라는 설탕 성분을 얻는 법을 알아냈어요.

정제 설탕

화학적인 과정을 거쳐 사탕무나 사탕수수로 만든 설탕을 정제 설탕이라고 해요. 정제 설탕에는 비타민 같은 좋은 영양소가 별로 없으면서도 칼로리는 아주 높지요. 이런 정제 설탕이 빵, 과자, 음료수 등을 만드는 데 얼마나 많이 쓰는지 아나요?

우리가 마트에서 사는 가공식품에는 대부분 설탕이 많이 들어 있어요. 그래서 가공식품을 먹으면 설탕을 너무 많이 먹게 되지요. 세계 보건 기구(WHO)에서는 적당한 설탕 섭취량을 정했어요. 어린이는 하루에 12그램, 즉 세 티스푼 이상 먹지 말라고 권하지요. 여러분은 하루에 설탕을 얼마나 먹고 있나요? 한번 곰곰이 따져 보세요.

정제 과정은 26~27쪽에서 설명했어요.

가공식품이 무엇인지 잘 기억나지 않으면 30~31쪽을 보세요.

달콤한 유혹

시럽

시럽은 달콤한 맛을 내기 위해 사용하는데, 대부분 **옥수수 녹말로 만들어요.** 시리얼, 디저트, 잼, 아이스크림, 각종 음료에도 시럽이 들어가지요. 심지어 육류 식품에도 시럽이 들어간답니다. 시럽도 설탕과 마찬가지로 너무 많이 먹으면 건강에 좋지 않아요.

자일리톨

예전에는 자작나무 껍질로 자일리톨을 만들었어요. 그래서 자작나무 설탕이라고도 불렸지요. 그런데 요즘은 옥수수로도 자일리톨을 만들어요. 자일리톨은 설탕처럼 단맛이 나지만 건강에 좋아요. 자일리톨에는 균을 물리치는 항균 성분이 들어 있거든요. 특히 충치를 막아 이를 보호해 줘요. 그렇다고 너무 많이 먹으면 설사를 할 수 있으니 조심하세요.

꿀

꿀 중에는 벌에게 설탕물을 먹여 만든 꿀도 있어요. 당연히 이런 꿀의 품질이 좋을 리는 없지요.

꿀은 인류가 오랫동안 사용한 천연 감미료예요. 여러분도 알고 있듯이 꿀은 벌이 만들어요. 꿀벌이 꽃에서 달콤한 즙을 빨아들여 침을 섞어서 만들지요. 벌꿀은 무척 달지만 건강한 식품이에요. 꿀에는 미네랄과 항생제 성분이 들어 있어요. 그래서 우리 몸의 면역력을 키워 주지요. 꿀은 몸에 해로운 물질을 없애기도 하고 상처가 빨리 낫도록 도와주기도 해요. 꿀을 보관할 때는 어둡고 서늘한 곳에 두면 수십 년이 지나도 상하지 않아요. 하지만 섭씨 40도 이상 가열하면 좋은 성분이 없어져요.

마트에 가면 여러 종류의 꿀을 판매하고 있어요. 그중에는 자연에서 만들어진 꿀도 있지만 공장에서 만든 꿀도 있으니 잘 확인하고 사세요.

숲을 파괴하는 팜유

팜유(팜오일)에 대해 알고 있나요? 잘 모를 수도 있지만 **우리는 거의 매일 팜유를 먹는답니다.** 대표적으로 팜유로 튀긴 라면이 있어요. 또 과자, 빵, 초콜릿, 마가린, 아이스크림을 만드는 데도 팜유라는 식용유가 쓰여요.

기름 야자나무 열매

같은 땅에 기름야자와 유채를 가꾸면 기름야자에서 훨씬 많은 식용유가 생산되기 때문에 전 세계에서 많이 사용하고 있어요.

팜유는 아프리카, 말레이시아, 인도네시아 등에서 자라는 기름야자라는 나무 열매를 짜서 만들어요. 기름야자는 재배하기가 쉽고 열매도 잘 열리며 지방이 많이 들어 있어요. 그래서 팜유는 생산량이 많고 값이 싸요.

전 세계에서 사용되는 식용유의 절반 정도는 기름야자 열매로 만든 팜유예요. 그만큼 기름야자를 재배하는 농장이 무척 많다는 말이에요. 그런데도 해마다 새로운 농장을 만들기 위해 말레이시아와 인도네시아의 열대 우림을 없애고 있어요. 지구의 허파 역할을 하는 숲이 파괴되면 기후에 나쁜 영향을 끼쳐요. 또 열대 우림에 사는 멸종 위기 동물들이 집을 잃지요.

우리가 팜유를 먹음으로써 지구 자연환경을 해치게 되는 거예요. 팜유 대신 해바라기씨나 유채씨로 만든 식용유를 사용한다면 열대 우림을 보호할 수 있어요. **또 팜유로 만든 식품을 적게 먹는 것만으로도 동물들이 열대 우림에서 행복하게 살 수 있답니다.**

신이 마신 음료 코코아

과학자들은 지구에서 식량을 재배할 공간이 점점 사라지고 있다고 경고해요. 정말 큰일이지요? 하지만 그런 경고에도 여러분은 크게 걱정하지 않을 거예요. 그러다 앞으로 초콜릿을 먹지 못하게 된다고 하면 무척 불안해하겠지요.

초콜릿의 소비는 해마다 느는데 초콜릿 재료를 얻는 카카오나무를 재배하는 땅은 한정되어 있어요. 게다가 카카오 농장을 만들기 위해 해마다 열대 우림을 파괴하고 있지요.

코코아로 초콜릿을 만드는 기술은 1847년 영국인 프랜시스 프라이가 개발했어요. 그는 코코아에 설탕과 지방을 섞어 버터처럼 굳혔지요.

코코아는 카카오나무 열매의 씨를 빻아 만든 갈색 가루예요. 사람들은 19세기부터 코코아로 초콜릿을 만들어 먹기 시작했어요. 한편, 고대 마야 사람들과 아즈텍 사람들은 특별한 행사 때 코코아로 만든 음료를 '신의 음료'라 하며 마셨지요.

코코아는 아메리카 정복에 나선 스페인 사람들이 맨 처음 발견했어요. 그들은 코코아 맛에 익숙하지 않아서 코코아를 끓여서 더 달콤하게 만들었어요. 이 코코아 조리법은 나중에 유럽에 널리 퍼졌지요.

코코아는 건강에 좋은 식품이에요. 코코아차를 마시면 기분이 좋고 힘이 나지요. 그럼 코코아로 만든 초콜릿도 건강에 좋을까요? 초콜릿에 들어 있는 코코아 양에 따라 달라요. **초콜릿은 코코아의 함량에 따라 네 종류로 나뉘어요.**

화이트 초콜릿

화이트 초콜릿에는 코코아가 들어 있지 않아요. 코코아 버터, 설탕, 우유로 만들거든요. 코코아 버터가 들어가지만 코코아 향기는 나지 않고, 설탕이 많이 들어가 초콜릿 중 가장 달아요. 어떤 사람들은 화이트 초콜릿은 초콜릿이 아니라고 말하기도 한답니다.

밀크 초콜릿

밀크 초콜릿에는 코코아가 10~30퍼센트쯤 들어 있어요. 코코아에 우유를 섞어 달콤하면서 부드럽고 순한 맛이 난답니다.

다크 초콜릿

다크 초콜릿에는 코코아가 35퍼센트 이상 들어 있어요. 코코아가 50퍼센트 넘게 들어간 초콜릿도 있는데, 달콤 쌉싸래해서 인기가 많아요.

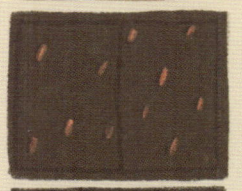

다크 초콜릿마다 코코아 함량이 달라요.

다크 초콜릿은 코코아 함량에 따라 달고 쓴 정도가 다양해요. 코코아 함량이 60퍼센트인 초콜릿은 달콤하면서도 진하고 쌉쌀한 맛이 나요. 하지만 코코아 함량이 100퍼센트인 초콜릿은 맛이 너무 써서 간식으로 먹기 힘들어요.

여러분 앞에 딸기 요구르트 두 개가 있다고 생각해 보세요. 하나는 빨간색이고, 다른 하나는 연분홍색이에요. 어느 요구르트에 딸기가 더 많이 들어 있을 것 같나요? 아마 빨간색이라고 생각할 거예요. 연분홍색 요구르트에는 딸기를 조금만 넣었다고 생각할 거고요. 정말 그럴까요? **딸기 요구르트에는 빨갛게 만들기 위해 코치닐이라는 염료를 넣어요.**

식품에 넣는 염료는 천연염료와 인공 염료로 나뉘어요. 사탕, 아이스크림, 케이크 등에는 색을 내기 위해 인공 염료를 많이 써요.

코치닐이 멕시코의 선인장에 사는 곤충을 빻아 만든 염료라는 사실을 아는 사람은 별로 없을 거예요. 빨간색이 딸기 색깔이라고 생각한 사람이나 곤충을 사랑하는 사람에게는 기분 나쁜 사실이겠지요. 기분 좋게 요구르트를 먹고 싶나요? 그럼 요구르트를 직접 만들어서 과일을 넣어 먹는 건 어떨까요?

몇몇 과학자들은 언젠가는 우리 식탁에 고기 대신 곤충이 올라 있을 거라고 말해요.

하루에 사과 한 알

닭이 먼저인지 달걀이 먼저인지 물어보면 바로 대답할 수 있나요? 그럼 사과가 무슨 맛인지 물어보면요? 사과 맛은 바로 말할 수 있어요. 많이 먹어 보았으니까요. **사과는 인기가 많은 과일이에요.** 사과의 종류가 전 세계에 1만 종이 넘어요. 모든 사과의 맛을 알려면 하루에 적어도 세 개 이상 9년 넘게 먹어야 할 거예요.

사과를 물에 넣어 보면 얼마나 신선한지 알 수 있어요. 신선한 사과는 물속에 가라앉지 않고 둥둥 떠요. 신선한 사과로 배를 만들어 보세요.

사과는 당분이 많지만 칼로리는 낮아요. 80퍼센트가 수분이고요, 소화를 돕는 식이섬유, 비타민, 미네랄 등 건강에 좋은 물질이 아주 많아요. 사과 껍질에는 산화 방지제라는 몸에 좋은 성분이 들어 있고 섬유질도 많아요. 그래서 사과는 깨끗이 씻어 껍질째 먹는 게 좋아요. '하루에 사과 한 개를 먹으면 의사를 멀리하게 된다.'라는 말이 있을 정도로 건강에 좋은 과일이에요.

그렇다면 1년에 365개를 먹어야겠네요.

콩에서 나오는 우유가 두유?

젖소의 젖을 짜서 우유를 얻는다는 걸 모르는 사람은 없을 거예요.
우유는 젖소뿐 아니라 버펄로, 낙타, 순록, 야크, 라마, 양, 염소 같은 동물의 젖에서도 나와요. 이런 우유는 치즈를 만드는 데에도 쓰여요.

식물성 음료는 '우유'라는 제품명을 쓸 수 없어요.

그럼 두유는 콩에서 나오는 우유일까요? 콩을 짜면 우유가 나오나요? 색깔이 우유와 비슷할 뿐, 두유는 우유와 관련이 없어요. 맛도 우유와 달라요. 두유는 물에 불린 콩을 갈아서 짜낸 식물성 음료예요.

식물성 음료는 콩뿐 아니라 쌀, 보리, 귀리, 코코넛, 아몬드, 헤이즐넛으로도 만들어요. 이런 음료에는 칼슘, 비타민(D, B, E), 마그네슘, 아연 등이 풍부하게 들어 있어요. 간혹 향을 좋게 하려고 인공 첨가물을 넣기도 하니까 성분표를 잘 읽어 보세요.

식물성 음료는 우유를 마시면 알레르기 반응이 일어나는 사람이나 채식주의자들이 주로 구매해요. 식물성 음료는 재료에 따라 맛이 각각 달라요. 식물성 음료 중에는 단백질이 풍부하고 우유 못지않게 영양소가 많은 것도 있어요. 그렇기 때문에 무엇이 들어 있는지 포장지의 성분표를 잘 살피고 먹는 게 좋아요.

채식주의자란 동물성 음식을 피하고 식물성 음식 위주로 먹는 사람을 말해요.

완벽한 영양 식품 두부

우리 몸에 필요한 영양소를 골고루 갖춘 식품을 완전식품이라고 해요. 두부는 오랜 옛날부터 우리나라를 비롯해 중국과 일본 등에서 만들어 먹은 완전식품이에요. 콩으로 만든 두부에는 단백질, 지방, 아미노산, 칼슘, 칼륨, 철분 등 우리 몸이 자라고 에너지를 만드는 데 꼭 필요한 영양소가 풍부해요. 그래서 채식주의자들에게도 인기가 많지요.

오로지 식물성 음식만 먹는 사람을 '완전 채식주의자'라고 해요.

두유가 식물성 우유라면 두부는 식물성 치즈라고 할 수 있어요. **두부는 동물성 단백질을 얻기 힘든 나라에서 단백질 식품으로 오랫동안 사랑받아 왔어요.** 그냥 먹어도 되지만 보통 다른 재료와 곁들여 요리해서 먹어요. 예를 들어 찌개에 넣거나 식용유에 튀겨 양념해서 먹지요. 최근 유럽에서도 두부의 인기가 높아지면서 다양하게 두부를 요리해 먹어요. 두부로 수프, 샐러드, 케이크를 만들기도 하지요. 채식주의자들은 달걀 대신 두부로 스크램블, 커틀릿, 도넛을 만들어 먹는답니다.

착한 세균 덩어리
요구르트

놀랍게도 우리 몸에는 많은 세균이 살고 있어요. 특히 위장, 소장, 대장에 세균이 많이 살지요. 세균은 공, 막대, 나선 모양으로 되어 있지만 눈으로는 볼 수 없어요. 흔히 세균이 질병을 일으키는 걸로 생각하는데, 몸에 좋은 착한 세균도 많답니다. 착한 세균은 나쁜 세균으로부터 우리의 건강을 지켜 주기도 하지요.

그럼 어떻게 하면 몸에 착한 세균이 많이 생길까요? 먼저 올바른 식사를 해야 해요. 되도록 단 음식을 피하는 게 좋아요. 특히 착한 세균이 많이 들어 있는 요구르트를 자주 먹으면 좋아요. 인공 색소나 화학 첨가물이 없는 천연 요구르트일수록 더 좋답니다.

요구르트는 살아 있는 유산균을 우유에 넣어서 만들어요. 락토바실러스, 불가리쿠스, 스트렙토코커스, 서모필러스 같은 유산균을 넣지요. 유산균은 면역 기능을 높여 주고 장운동을 활발하게 해 소화가 잘되도록 도와줘요. 원래 요구르트라고 불리는 제품에는 유산균이 1밀리리터당 1억~10억 마리가 들어 있어야 해요. 그런데 요구르트 중에는 유산균이 1밀리리터당 1,000만 마리 정도로 별로 많이 들어 있지 않은 제품도 있어요.

여러분도 집에서 요구르트를 만들 수 있어요.
어떻게 만들까요?

1. 끓이기
먼저 우유를 끓여요. 멸균 우유를 사용하면 요구르트 맛이 떨어져요.

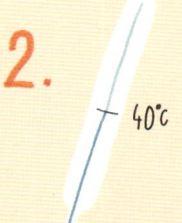

2. 식히기
끓인 우유를 섭씨 40~45도로 식혀요.

3. 추가하기
요구르트 균이나 플레인 요구르트를 두 스푼 정도 넣어요.

4. 발효하기
6~12시간 따뜻한 곳에 두어요. 보온병이나 담요에 싸서 두어도 좋아요.

유산균이 그득한 절임 식품

옛날 사람들은 미생물에 대한 지식이 없었지만 식품을 소금, 꿀, 식초, 설탕 등에 담가 두면 부패하지 않고 오래 보관할 수 있다는 사실을 알았어요. 그러니까 인류는 아주 오래전부터 절임 식품을 먹어 온 거예요.

절임 식품에는 요구르트에 있는 락토바실러스(75쪽) 외에도 레우코노스톡과 페디오코쿠스 같은 유산균이 들어 있어요.

오늘날에도 전 세계 거의 모든 나라 사람들이 절임 식품을 먹어요. 스칸디나비아 사람들은 소금에 생선을, 모로코 사람들은 설탕에 레몬을 절여서 먹지요. 우리나라 사람들도 굴비나 자반고등어처럼 절인 생선을 먹어요. 김치도 배추를 소금에 절여 양념한 절임 식품이지요. 폴란드에서는 오이와 양배추를 절여 먹는데, 맨발로 꾹꾹 눌러서 절인답니다. 당연히 발을 깨끗이 씻고요. 절임 식품은 만드는 과정에서 비타민과 젖산, 착한 세균이 만들어지는데, 이걸 발효라고 해요. 발효된 절임 식품은 건강에 아주 좋답니다. 하지만 마트에서 파는 절임 식품에는 몸에 좋은 세균이 별로 없어요. 유통 기한을 늘리기 위해 살균 처리를 해서 생산하기 때문이지요.

보글보글 거품 아쿠아파바

여러분은 아쿠아파바에 대해 잘 모를 거예요. 아마 들어 보지도 못했겠지요. 아쿠아파바는 물이라는 뜻의 라틴어 '아쿠아(aqua)'와 콩을 뜻하는 '파바(faba)'를 합친 말로, **병아리콩이나 렌틸콩을 삶은 뒤 나오는 콩 물을 말해요.**

(통조림 콩으로도 아쿠아파바를 만들 수 있어요.

아쿠아파바를 거품기로 5분 쯤 휘저으면 달걀흰자를 휘저을 때처럼 거품이 일어요. 꼭 생크림이나 머랭처럼 생겼는데 실제로 디저트나 스펀지케이크 등을 만들 때 쓰여요.

아쿠아파바는 채식주의자들에게 달걀 대신 곁들이는 식품으로 인기가 높아요. 또 달걀 알레르기가 있는 사람도 아쿠아파바를 넣은 디저트는 안심하고 먹을 수 있지요.

아쿠아파바는 칼로리가 낮지만 단백질이 달걀흰자에 비해 10분의 1밖에 없을 정도로 적어요. 아쿠아파바가 사람들에게 알려진 지는 얼마 되지 않았어요.

건강한 식사를 위한 5 규칙

(예를 들어 가난한 나라에서 적은 임금을 받고 일하는 사람들을 말해요. (37쪽)

수많은 음식 중에서 무엇을 선택하느냐에 따라 나의 건강뿐 아니라 다른 사람들의 건강과 삶, 그리고 지구와 자연환경에 영향을 줄 수 있어요. 그래서 우리는 식탁에 어떤 음식을 올릴지 신중하게 생각해서 선택해야 해요.

그렇다고 몸이 초록색으로 변하고 볼이 햄스터처럼 볼토해질 때까지 채소와 견과류만 먹어야 한다는 뜻은 아니에요. 팜유가 들어간 식품을 절대 먹으면 안 된다는 말도 아니고요. 가끔 달콤한 걸 먹는다고 해서 건강이 아주 나빠지지는 않아요. **그래도 우리는 되도록 건강한 음식을 골라서 먹어야 해요.**

건강한 식사를 위한 다섯 가지 규칙을 잘 읽고 기억해 두세요.

1. 식품을 살 때 어떤 영양소와 성분이 들어 있는지 살펴보세요.

성분표가 조금이라도 의심스럽거나 복잡하면 다른 회사의 비슷한 식품을 알아보세요.

2. 장바구니에는 되도록 과일과 채소를 많이 담으세요.

아무리 고기를 좋아해도 과일과 채소는 꼭 챙겨 먹어야 해요. 집 근처에 텃밭이 있다면 직접 길러서 먹으면 더 좋아요. 그리고 과일과 채소는 반드시 깨끗이 씻어서 먹어야 해요.

3. 지역에서 나는 농산물을 선택하세요.

여러분과 같은 지역에 사는 사람이 재배한 농산물을 구입하는 게 가장 좋아요. 정직하게 재배했는지 그렇지 않은지 알 수 있으니까요.

4. 식탁에서 여럿이 같이 먹으며 천천히 맛을 느껴 보세요.

음식은 가장 좋아하는 그릇에 담아 식탁에 잘 차려서 좋은 사람들과 함께 즐길 때 가장 맛있는 거예요.

5. 음식을 낭비하지 마세요.

부모님과 식품을 사러 마트에 가기 전에 냉장고를 자세히 살펴보세요. 얼마든지 요리해서 먹을 수 있는 신선한 식품이 몇 가지는 꼭 있을 거여요. 필요 없는 재료를 사서 버리는 일을 줄일 수 있어요.